Farben und Töne

Gedanken und Gedichte von Birgit Vireau

© 2014 Birgit Vireau

Alle im Buch verwendeten © Bilder Birgit Vireau

Herstellung und Verlag: Books on Demand GmbH, Norderstedt

ISBN 9783735741974

Farben und Töne

Gedichte und Gedanken

Von

Birgit Vireau

Diese Gedichte bzw. Gedanken wurden von meinem Großvater aus meinen Werken in seinem 92. Lebensjahr ausgewählt

Und nun zu seinem Gedenken veröffentlicht

Dies sind insbesondere 1, 3, 5, 7, 9 11, 13-15, 18, 20, 21, 23, 24, 26, 28, 30, 32, 35, 37- 39, 41- 43, 45, 47, 49, 51

1

Ungerechtes Schicksal?

Hell,
so grell
des Menschen Schicksal scheint!

Das Leben?
Wahrt der Tod
den Sinn gelebt zu haben?

Geboren,
Gestorben,
also Gelebt?

Mehr, wer will mehr verlangen?

Das Leben:
Freude, Heiterkeit und
Leichtigkeit,
ohne Sorgen, Not und Pein,
sollte es so sein?

So oft
Sorge, Schmerz und Zorn
regiert die Zeit des Seins!
Doch verwerfe nie dein Leben,
kostbar sollte es dir sein!

Füll es nach deiner Art,
vergeude nicht die Zeit
zu tun was andere dir sagen
und immerfort zu klagen.

Lerne, was du lernen kannst,
nehme an
des Lebens Kampf;
packe an und packe zu!

Solange wie der Hoffnung Glaube
stark,
ist nichts vergebens,
nicht die härteste Zeit,
nicht die glücklichste.

Lerne zu sehen,
dass hinter jedem Ende
ein neuer Anfang steht,
denn Leben ist Hoffnung,
und Hoffnung ist Leben,
und beides macht stark.

2

Seltsam fern
und doch so nah,
hell und doch
so kalt,
fern von hier
und doch nicht dort,
doch was will man sagen,
es ist nichts
von Bedeutung.

<u>Ein Weg</u>

Silbern
von fern
der Mond erscheint;
die Erde meint,
der Ruhe Frieden zu verspüren,
doch Aufglühen
in weiter Ferne
künden
vom Kampf
bei ewigem Schein,
von Geburt und Tod.

Ruhe ist Schein,
Stille ist Frieden,
Anfang ist Ende,
doch der Weg ist zu gehen,
und ganz am Ende erst
ist zu verstehen,
warum, der,
der Weg es war.

4

Nirgends ein Hall,
lautlose Stille,
endlos kalt,
weinend ein Kind,

Zögernd, als liefe es direkt auf Radium
und müsse fürchten
die tödlichen Strahlen;
mit von Grauen geröteten Augen
krallen sich die Kleinsten

an die kalte Erde,
Einhalt gebietend,
dem, der es wagte,
den Einsatz gebot,

hoffend
der Vernunft,
niemals geschehe,
was in dieser Nacht
- als Übung geplant und erdacht -
Wirklichkeit wurde.

Erfahren durch Zufall,
erfasst durch Not,
ein Fall ohne Halt,
in endlose Tiefe,
grausam kalt.
- Sollte es Wirklichkeit sein?

Der Ton der Ewigkeit

Tiefe Unendlichkeit,
Schwärze,
durchsponnen
von Gold;
ewiges All,
nach menschenermessen
unvergänglich
und doch nicht
unsterblich.

Vergänglich wie alles,
wechselt es stets,
Form und Farbe,
Sieg und Niederlage,
doch der Ton der Ewigkeit
klingt hindurch
und erfasst auch das kleinste Atom,
bringt es zum Schwingen,
lässt die Herzen höher schlagen
und die Liebe bringen.

6

Sorgen von Morgen,
die Heute erkannt,
haben keine Macht!

So packe sie an,
gehe zügig voran,
erfahre den Weg,

der Zukunfts Gesicht,
hoffe auf Morgen,
sehe den Weg,

aber vergesse nie
die Sorgen von Morgen,
da sie heute sind!

7

Sorgenvolle Nacht
nach dem morgigen Tag,
der zerstörte das Leben,
der störte die Ruhe.

Das Glück ging,
Finsternis kam,
und doch:
die Kreatur Mensch lebt,

hofft und schreit.
Die Schuld der Zerstörung
ist endlos -
der Mensch selber, er war's.

Doch er, der es war,
wird sich wieder erheben,
denn die Wege der Unendlichkeit
sind weit.

Selten hat er
ernst bereut,
stets gelernt sich anzupassen,
so dass er, dem Grabe nahe schon,
dennoch triumphierte.

Doch einmal wird das Ende kommen
und Zerstörung folgen,
unabwendbar;
kalte Winde werden wehen.

Doch auch dann
kann der Mensch noch siegen,
wenn er sich wahre Menschlichkeit
zum Ziele setzt
und alle Eigensucht vergisst.

8

Klänge,
lautlos und hell;
Steine,
klar wie Glas
brechen den Klang,
zerfällt in tausend
Scherben,
die klirren
wie zerbrochenes
Porzellan.

Glück,
wie zerbrechlich
du bist,
herrlicher Klang,
hell und leicht,
wie Wasser
in der Luft schwebend,
als Hauch,
unbeschreiblich,
voller Seligkeit.

Farben

Sonne,
du gleißendes Licht,
helles Gas
und strahlende Materie,

sich verbindende Atome,
entstehendes Licht,
gebündelt weiß,
bunt im freien Reigen.

Im Wasser, es bricht
und der Farben Vielfalt zeiget sich:
Violett, indigo, blau und grün,
gelb, orange und rot.

Auch im Regenbogen, bunt,
entfalten sich die Farben,
zeigen stolz dort ihre Pracht,
wie ein Pfau, der schlägt sein Rad.

10

Segensreiche Natur,
wild und unberechenbar,
und doch so schön.

Wie das Wasser
rinnt das Leben,
stetig, ohne Rast und Ruh',

doch wer versteht,
die Schönheit auch noch dort
zu sehen,
wo das Chaos haust,

hat dem Lebenssturm
nicht umsonst
die Hand gereicht.

Verwundbar wie das Leben,
die Natur auch ist,
und vergessen ist so oft
der Schönheit Lebensfreude;

so bringt das
dunkle Wasser des Todes
das Vergessen viel zu schnell,
um die Erinnerung zu wecken
an der Sonne helles Glühen,
des Lebens heller Freude,

an des Vaters Gnade und sein Licht.

11

Staub und Stein

Staub und Stein
Feuer und Wasser,
Sorge und Angst
endet im Ende
und erwacht im Zustande danach.

Rauch über den Wolken,
Steine im Himmel,
Blut im Wasser,
Hölle auf Erden,
Angst in der Nacht,

Ende des Wartens,
Ende des Kummers -
Neubeginn ..
Ende des Alls?
und doch nicht das Ende?

Ein Ende -
nur hier?
Denn immer, wenn eine Welt ging,
eine neue kam,
und so wird auch Feuer, Rauch und Schrecken
etwas Neues gebären.

Im roten Rauch,
die Skelette scheinen durch die Luft getragen
und kein lebend Wesen
erscheint.
Es gibt nur Staub und Stein,
Feuer und Wasser,
keine Ordnung,
alles verdirbt;

heiße Wolken streifen den Horizont,
Ozeane trocknen,
Eis schmilzt
und die Welt bebt,
zerbricht in tausend Stücke
und hält doch zusammen;

heiße Erde quillt aus dem Innern,
Glut heißer denn Feuer,
Menschen gibt es nicht mehr.
Es ist aus, Sonne ist endlich,
leuchtet doch über kühlende Fluten,
leuchtende Felsen,
verdorrtes Land, nirgends grün,
selten Leben.

Strahlend erscheint auch das Land
auf dem als Letztes der Mensch
sich selbst
den Untergang brachte,
der vollständig war und endgültig -
ohne jede Ausnahme?

Rettete sich das Leben selber?
Kam das eine, das lebte, davon?
Vernunft gegen berstende Erde -
war das genug?
oder wurde des Menschen Ende
Vernunftsende, Hoffnungsende ?
Kam alles neu
oder blieb altes zurück?

Die Zeit wird entscheiden,
ob verbrannte Erde
neues Leben tragen kann,
ob sie Wunden heilen kann:
oh! wie die Erde schreit:

Der Hilfe, die es nicht gab,
die sich sorgt um die Endlichkeit des Seins,
der Hoffnung verlorener Angst,
der mahnenden Stimmen im Ohr,
dem Tode nah, dem Leben gedenkend,

sterbend dem Leben vergebend,
dem Tode an sich,
um niemals wiederzukehren?,
da niemand,
die Hoffnung, die geboren,
auf den Neubeginn, erfasst?

Nur verbrannte, strahlende Stücke sind da,
keine Sonne ist zu sehen;
Opfer sind groß; niemand, der hofft;
alles ist tot;
und doch kann keiner wissen,
was kommt.

Der Untergang wird sein,
und ist er auch im Himmel ferner
als auf Erden,
einmal ist er nah,
und nur ein Hoffnungsstrahl ist
im Licht,
das da heißt Erlösung.

Und nicht im Leben
kann alles sterben,
nicht hier und überall;
denn nicht Ende ist Ende,
sondern Anfang,
und erst die Erkenntnis,
das Licht des Friedens,
bringt ein Ende,
das endgültige Harmonie bedeutet.

12

Wunder geschehen niemals,
Gefühle werden nicht gemacht,

Glaube ist Wunder,
Liebe Gefühl.

Stark ist beides,
eins das Ganze,

Gott das Eine,
Herr der Liebe,

hell und klar,
Sonne und Nacht,
Himmel und Erde,
Hoffnung und Tod,
Geburt...
Alles ist ER!

Erfolgsaussichten

Seltsam ist der Lebenslauf,
mal gesund,
mal krank,
einst heiter,
bald traurig;
wer wagt zu bestimmen,
des Lebens Lauf?

Großes vollbringen!
Eines jeden Wunsch,
besser zu sein als andere,
der erste in allem und jedem.

Nur wer kann dies erreichen?
Ein Mensch doch nicht !
Einmal wird auch der Größte
schwach und krank,

der Sieg über Feinde,
Konkurrenz, der Neid der Freunde,
machen ihn einsam,
ihn, den Sieger.

Ein Sieger ?
Er, der alles verlor,
was an menschlicher Wärme und Liebe,
er gewinnen konnte?

Sein großes Gut,
sein Geld,
dies ist die große Liebe
seiner Nächte.

Angst umfasst ihn
fest mit beiden Armen,
je mehr er hat an Gut und Geld,
je mehr kann er verlieren.

Als Verlierer dagegen,
mit sich zufrieden,
oft gerad' mit dem beschieden,
was er zu Leben braucht,

wird als Sieger einst
er stehen;
er, der Neid und Habgier
überwand.

14

Glück ist nicht zu kaufen,
Geld macht's Leben leichter,
doch nicht zufriedener.
Zufriedenheit im Lebenskampf
ist nicht für Geld zu haben!!

15

Qualvolle Zeiten kamen
und gingen,
Finsternis übernahm die Regie,
Hoffnung zerbrach im Gefüge der Zeit,
doch nie fand sie alle,
nie war vollkommen schwarz die Zeit;

nicht hier, noch dort
gewann der Schwarzen
Macht,
doch die Helligkeit gewann
an Kraft.

Hin und her,
so wogen die Gewalten.
Dazwischen stehen die,
die auszogen, die Wahrheit zu suchen.

Längst zeigte sich, dass
alles, alles aus einer Quelle kam.
Doch vergaßen so viele dies
und die dunkle Seite der
Sonne hat Macht, so viel Macht.

Wird auch diese Welt vergehen,
auf der Suche nach der Wahrheit,
dem Licht,
wie schon so viele zu vor ?

Gestalten vielerlei Statur vergingen,
wie die Welten,
geboren aus dem Schaum ihrer Wellen,
und gingen weiter zu neuen Ufern,
zu neuen Zeiten.

Die Heimat der Sterne
nahm viele auf,
doch die Heimkehr zur
Quelle ist weit.

Die Suche nach der Wahrheit
ist der Suche nach dem Selbst gewichen;
nur,
werden alle es schaffen,
wird nicht im Einzelnen die Finsternis siegen?

Sie kann nur hindern, nicht ewig,
nur verzögern,
denn auch sie wird einstmals
zurückkehren in den Schoß,
der sie gebar.

Die, die auf die Suche gingen,
gingen ohne zu ahnen, was sie aufgaben;
der Verlust schwächte sie sehr,
doch die Hoffnung der Rückkehr ist ihnen sicher.

Nie geht einer verloren,
in keiner Welt!
Vielen gelang schon die Heimkehr
und doch kehrten sie wieder,
um den Weg zu weisen,
um zu zeigen:

Die Begegnung mit der Finsternis
bedeutet den Weg
sich selbst zu finden,
denn hell und dunkel,
gut und böse,
ist am Ende eins,

da nur noch Liebe zählt,
die Harmonie des Gleichgewichts,
wo weder Zorn noch Hass,
weder Neid noch Verachtung zählt,
sondern nur noch die Vergebung.

Auf dem Weg dorthin
muss alles, was nicht zählt,
zurückgelassen, aufgegeben werden,
und nur die tiefste Harmonie
mit sich und dem Sein
wird am Ende fortbestehen.

16

Heimat im Licht,
doch nicht erreicht,
der Sinn ist dunkel,
sieht nicht des Ufers Strahlen,

nicht den Sonnenschein
im Leben,
der die Dunkelheit durchbricht,
der sagt: Verzage nicht.

Der Sinn liegt tief,
liegt unter des Leides Ewigkeit,
im Harmonien Schall
und des Lebens Segnung.

17

Mies dieser Morgen,
doch -
trotzdem kam er!

Wieder ein Tag mehr
zu leben,
ohne Hoffnung?

Hoffnung trotz allem
was war?
Ja!

Warte auf ein kleines Hoffnungszeichen,
und auch dieser Tag
heute wird vergehen.

Morgen wird ein neuer Tag,
mit frischer Hoffnung, neuem Leid
beginnen.

18

Solange die Welt besteht,
steht sie auf den Füßen.

Wird sie eines Tages untergehen,
verlieren alle
so den Boden und vergehen.

Besonders, die, die meinten, sie ständen
ganz besonders sicher,
fest, im reichen Leben.

Denn jene lieben gar zu sehr
den Reichtum aus der Bodenkälte
und sind nun gar nicht mehr

dem Boden anvertraut,
hängen in der Luft und schreien bitterlich!
Brauchen lange, um sich anzupassen,

manch einer schafft es nicht
und die neue, feste Welt
besteht alsdann aus alten Dingen!

Die, die Luftschlösser bauen
sind verlor'n in dieser Welt,
brauchen ganz die andere.

Eine Lösung gibt es erst,
wenn beides sich verbindet;
nur Träume und die Festigkeit in einem,

gibt den wahren Halt,
die Sicherheit der Harmonie
und der Liebe Schlichtheit.

19

Natur
der Welt,
die gefällt
den Armen
und den Reichen.

Natur,
an der zu laben
nur den Reichen ist vergönnt?
da die Armen
nicht können fahren,
nach ihrem Willen
zur Natur?

Vergnügen sich mit Fahrten
nach Nizza, Rom, Athen,
all die so erhab'nen Orte,
die doch zu sehen sind.

Kaum einer,
ob arm ob reich,
kennt noch den nächsten Wald,
die schöne Stelle nah beim Haus,
aber doch den Strand
im fernen Land!

Natur,
oh ja!
doch nicht zu Fuß,
bequem und ohne Last,
so soll sein
bei Arm und Reich

20

Eine Hoffnung, so alt wie die Welt;
eine Seele, so rein wie die Zeit -
frisch und unverbraucht
gibt sie der Hoffnung Sinn;

und im Weltengefüge eilt die Zeit dahin,
birgt Risse und Kanten,
zu schleifen die Seele,
zu formen den Sinn,

zu wandeln die Form,
den Weg zu finden,
das Selbst zu sehen
und Seele zu sein.

Doch wo ist der Weg der Heimkehr,
der Weg in die Zeit, der tiefen Ewigkeit,
um zu spielen, zu genießen und zu toben,
im Wandel der Form...

Steht sie doch am Anfang
ohne Sonne da,
vergaß der Quelle helle Macht
und suchte nur des Körpers Pracht.

Spielte mit den Formen,
fing sich drin mit einem Male,
gab dem Vater alle Schuld -
nur langsam ist der Weg zurück.

Muss nun lernen aufzustehen,
band sich fest an Form und Zeit,
loszulassen ist das Ziel,
Vergebung suchen muss sie nicht,

nur die eigene - wohlgemerkt -
denn sonst ist alles seines,
auch der Schein und so die Form,
die sie gewählt, steht unter seiner Hut.

Zurück, wie wahr - doch wie ?
Der Wandel und der Fortbestand
zeigt auch hier den Weg,
führt aber nie direkt ins Glück.

Verwoben ist des Schicksals Rad
mit den Formen und dem Wandel.
Jede neue Form ist Wandel,
jede ist ein Schritt nach vorn.

Nur wer die Zeit verlässt
kann seinem Selbst die Seele geben,
sonst hat er noch manchen Weg
zum lernen.

Doch die Hoffnung ist nicht neu,
dass am Ende ist der Sieg gewiss,
aufgenommen, aufgefangen,
ohne Kratzer geht's zwar nicht,

doch geläutert in dem Maß,
dass Form nicht Freiheit gibt,
und dass Frieden
Freiheit heißt.

21

Am Anfang das Licht,
um sich zu tummeln darin,
voller Freude,
ohne Schuld,

rein und klar
war ihr Sinn
und Spiel war ihr Gefährte.
Doch dann entstand,

oh Wunder,
im Raum der Zeit,
so ein Gefüge,
fest und sicher,

starr, beweglich,
hell und dunkel,
faszinierend eben,
und die Neugier war geweckt.

Sie zogen los
um nachzusehen,
was für ein Spielzeug
da geboren;

sahen ein Juwel,
rund und schön,
sahen es an
und liebten es.

Wollten es formen,
aber sie waren viele
und dieses nur eines –
sie fingen an zu streiten.

Doch dann die Zeit
gebar,
so nach und nach
genug davon.

So konnten alle,
die es wollten,
spielen mit dem Dinge
und hoffen,

das Dasein zu formen;
doch allzu bald
wurden sie es leid
nur außerhalb zu stehen.

Sie berieten
was zu tun,
und bald begaben sie sich
in und auf das Ding.

Ihr Herr, der Herr der Zeit,
des Ursprungs und der Harmonie,
schwieg, lächelte und dachte:
Die Erfahrung tut Not.

Und behielt sie im Auge,
wohl wissend
der Gefahr,
dass der Wunsch zu bleiben,

Gefangenschaft bedeutet,
die am Ende aber
zu reicher Erfahrung führen würde,
so duldete er ihren Eifer.

Die, die eines der Dinge
näher besahen,
spielten mit ihrer Umgebung,
gaben ihr Form und Leben,
verschmolzen mit ihr.

Doch die Welt,
so nannten sie bald das Ding,
kannte auch eigene Gesetze,
die sie, die Eindringlinge, befolgen mussten.

Je mehr sie sich einfügten,
desto weniger frei waren sie,
desto weniger konnten sie über ihre Umwelt verfügen,
konnten sich nicht mehr frei bewegen.

Noch lagen ihre Fähigkeiten
weit über dem der Welt angeborenen Niveau,
und sie waren die Herren,
die Herren 'ihrer' Schöpfung.

Doch viele vergaßen
im Kampf gegen die Welt
ihrer Welten Vater,
den des Lichtes und der Harmonie.

Spiel wurde Ernst
und aus Zank wurde Hass.
Bald waren sie nicht mehr eins,
teilten die Welt
in Nord und Süd, Ost und West.

Die, die sich erinnerten,
wurden zu Göttern,
die anderen, Bewohner der Welt,
dem Kampf des Lebens ergeben.

Die Welt,
so fremd, so faszinierend,
erst Tier, dann Intelligenz,
auch manchmal was dazwischen.

Vielfalt der Natur,
doch im Laufe der Zeit
blieb nur ein Teil davon.
Nicht alles konnte sich
nach den Gesetzen der Welt
vermehren...

So kam eine Zeit
in der sie gelernt,
was die Welt,
die Natur allein zu bieten

und geboten über sie.
Ihre Herkunft aber
war den meisten verborgen,
dennoch sehnten sich viele zurück.

Und ihr Vater
hatte sie nicht vergessen,
in keiner der Welten.
Er beobachtete ruhig,

schenkte ihnen Zuversicht,
neue Einsichten und Ruhe,
das Wissen
um einen möglichen Weg zurück.

So kann jeder den Weg gehen,
zurück nach Hause,
eintreten aber ins Heim
darf er erst,

wenn er die Lektionen,
die der Vater ihm zu lernen gab,
beherzigte,
sich nicht wieder fangen ließe

vom glitzernden Strahl
des Verlangens nach Ruhm,
Macht, Gold und Geld;
und nur noch trachte
allein nach Harmonie.

Ist die Spanne eines Lebens
auch kurz
und der Weg noch lang,
so braucht doch niemand zu verzweifeln,

denn der Vater
hat auch dies gesehen,
und manch' einer
hat zu gehen

den schmalen Lebensweg
ein ums andere Mal;
mancher gar
öfter als der Weg

der Welt ist lang,
und er hat zu suchen
einen neuen Weltenkörper,
um den Weg nach Haus zu gehen.

Unabhängig von den Taten
ist die Gnade jedem gewiss;
und es ist sicher, dass jeder,
der sich bemüht,
irgendwann einmal,
die Heimat wiedersieht.

Um den Weg zurück zu weisen,
schickt der Vater viele,
die lehren, die warnen, die erinnern,
um so die Zahl derer, die sich fangen
zu begrenzen.

Doch ist auch er
machtlos gegen Neugier
und dem Verlangen sich selbst zu beweisen -
so muss jeder seinen Weg gehen,

und wenn er sich nicht trennen kann
von der Welt, nie,
so wird er erst am Ende,
wenn überall wieder nur Licht ist,
erlöst.

22

Zarte Klänge erfüllen den Horizont,
strahlen hell in allen Farben,
glänzen wie Diamanten
und bieten dir die Sehnsucht dar.

Hältst du an, nur um zu staunen,
kannst du sie gewinnen.
Denn nur wer achtlos stets vorüber geht,
kann auch nie gewinnen.

23

Rettung...

Die Nacht siegte,
doch der Tag brach an.

Die Erde bebte,
spie Feuer,
entsetzte sich
ob der Geschehnisse
in der Nacht.

Doch die Bewohner
errieten
die Wahrheit
und kamen zusammen,
zu retten,
was zu retten ist.

Wollten zuviel,
verlangten die Rettung von allem und jedem,
sodass die Menschheit in Freuden leben sollte,
doch Bescheidenheit tat Not,
und die Bedingung hieß: Verzicht!

Nicht die Wonnen
des Unheils
bringen die Freude,
nur die des Gemüts
schaffen Harmonie;

und so kam es,
dass nur jene überlebten,
die erkannten, dass
die Wahrheit Liebe heißt
und Verständnis Toleranz.

Doch auch unter diesen
einst so guten Lebewesen,
entstand dann wieder Streit.
Oh, und dann auch wieder Krieg.

Werden sie jemals lernen
ohne Streit den Anfang
hinzubiegen?
kommen sie jemals zu des Himmels
leuchtenden Strand ?
Des Hoffnungs Glauben liegt darin !

Wellen treiben die Wogen
und die Zeit die Flut;
doch Gott ist ewig,
jenseits der Zeit;
so können den Himmel nur jene erreichen,
die lernten zufrieden zu sein,
ohne Hass,

die das Bedürfnis überwanden
sich herauszustellen
und bewundert zu werden,
die Liebe gaben,
die sie selbst in Gott fanden
und um Verständnis warben.

Doch auch die Unwissenden
brauchen Unterweisung,
denn alle sind wichtig,
keiner allein.

So kommt denn von Zeit zu Zeit ein Bote,
die Worte des Vaters zu verkünden,
zu lehren die Wahrheit des Himmels,
die Rückkehr ins Jenseits der Zeit,
in die wahre Ewigkeit.
Jene Boten sind nicht immer
die hohen Propheten;
oft nur kleine Menschen,
die helfen,
dort wo sie Not sehen,
die nicht der großen Welt angehören
und doch offene Augen für alles besitzen.

Sie sind verpflichtet ihre Pflicht zu tun,
unterliegen dem Gesctz des Vaters,
bis in alle Ewigkeit.
Sie, die kleinen Boten,
sind Agenten von jenseits der Zeit
und vertreten die Ansicht des Vaters,
die Worte Gottes in der Tat,
und versuchen sie zu leben -
jeder nach seinem Temperament.

Jeder der Boten geht im Namen des Vaters,
doch freiwillig ist das Gebot;
doch wer geht, kann nicht mehr zurück.
Der Welt, in der er dient, dient er
als Mensch, als Tier,
je nach der Art, die vorgesehen!
Ein Leben, zwei oder länger ..
aber dazwischen darf er nach Hause gehen
um sich auszuruhen.

Nur, zu bleiben ist ihm nicht vergönnt,
solange es noch Wesen gibt, die der Hilfe bedürfen.
Viele wissen im Grunde
die Wahrheit,
doch nicht bewusst,
und bedürfen des Anstoßes,
und dies ist die Aufgabe des Boten.

Auch sind diese oft begabt
im Heilen, Helfen und Voraussehen.
Sie haben zu geben was sie haben und können,
auch wenn die anderen sie verdammen.
Ihre Gaben sind seine Gaben,
so ist nicht gestattet
sie zum eigenen Vorteil zu gebrauchen;
nur im Hinblick auf die Hilfe,
die anderen gegeben wird
und im Sinne der Selbstheilung
sollten sie benutzt werden.

Doch ist ihre Aufgabe nicht
immer fest umrissen,
sondern entwickelt sich erst
im Laufe der Zeit eines Lebens.
Tritt ein Stillstand ein,
hat er abzuwarten,
die folgende Aufgabe kommt bestimmt!
Und nicht selten ist es so,
dass er die Aufgabe selber gar nicht sieht,
sondern erst erblickt,
wenn er geschafft, wofür er kam.

Sie, die Boten, wissen nicht,
solange sie auf der Welten Haut,
dass sie gesandt;
müssen leben wie die anderen,
handeln und auch aufstehen, ganz wie sie,
doch Gottvertrauen ist ihnen gegeben,

die Devise dann,
dem guten Glauben ganz die Leitung anvertrauen,
und die Hoffnung walten lassen.

Bring dich nicht in Verzweiflung,
denn alles ist wahr,
und im Lichte wird alles liegen,
was heute noch verborgen ist.

24

Bedenke:
Alles ist eins
und Du bist eins mit allem,
sodass die Trennung
in das Eine
oder das Andere
sinnlos scheint.

Doch du trennst
nach Rassen,
nach Glauben,
nach Arm und Reich!
Warum denn nur?
Der Mensch ist das, was zählt!
Ihn zu lieben,
ohne wenn und aber
ist das Ziel!

Doch was meinst du
ist das Leben,
wenn du es ohne Gottes Segen
denkst zu führen?
Glaubst du denn allein,
aus eigner Kraft entstanden zu sein?

Welch' Vermessenheit!
Du bist ein Teil,
ein Teil des Ganzen,
wie jeder andere auch.!
Ein besonderer Teil zwar,
ein einzigartiger,
aber doch nur eben
ein winziger Splitter.

Das Ganze ist Eins,
und Eins ist das Ganze!
Gott ist ein Name dafür
und Du gehörst dazu!

25

Du kannst die Welt nicht ändern
wie du willst und meinst,
kannst nur den anderen annehmen
wie er ist,
kannst versuchen seine Welt zu sehen
und sie zu verstehen,
denn nur so triffst du ihn am wahren Ort.

Deine Welt ist hier,
und seine dort,
siehst du seine,
gibst du deine auch mit ein,
wenn ihr beide es versucht,
könnt ihr mischen und verstehen,
doch wenn er gar besteht auf seine,
kann es keine Nähe geben,
denn so gibt es nur Grenzen,
keine Übergänge.

Sendboten der Rache

Sendboten der Rache sind sie,
Gedanken - so süß,
scharf wie Messer
in der Sonne blitzend,
scharf und böse.

Treffe den anderen
und achte darauf,
dass er sich windet,
weint und schreit;
freu dich daran

und sage:
Oh, ich habe damit
- zum Glück - nichts zu tun!
Aber, es geschieht ihm doch recht,
und es ist gut so!

Deine Gedanken
schneiden wie Peitschen;
die Luft schwirrt
und köstlich schwirrt
die Genugtuung.

Doch dann,
einmal wirst auch du
Schreien und Weinen,
und weißt doch nicht warum!
Ein Spiegel reflektierte dein Tun!

Drum denke daran,
dass auch du
schon so manches Mal
die Sendboten der Rache

ins Feld gesandt
und dich im Gedanken,
böse und wütend,
über deinen Nächsten hergemacht!
Trafst ihn hart und unvermittelt,
hattest deine Rache!

Doch alles kommt einmal zurück
und wenn du was zu meckern hast,
dann sag es gleich -
von Angesicht zu Angesicht,
dann kommt die Antwort gleich,
und nicht erst in 10 Jahren,
wenn du weißt nichts mehr davon!

Ansonsten gebe Liebe,
versuche auch noch dann
den andern zu verstehen,
wenn er dich tüchtig ärgert.

Es nicht so sehr das Schimpfen,
dass den Hass gebiert,
sondern mehr das Unverständnis,
das keine Toleranz und Liebe
möglich werden lässt!

So denke nicht nur an Liebe,
nicht nur an dich,
sehe stets den andern auch
und bedenke,
dass auch er Gefühle hat!

Ängste, Sorgen, Nöte,
ganz wie du;
doch wenn du schon bei dir zu lügen beginnst,
was wirst du dann von dem anderen denken,
der ehrlicher ist?

Scham erfüllt dich,
doch zu unrecht,
denn Liebe ist universell
und keiner zählt weniger
als ein anderer!

Wenn du meinst,
der andere, der scheinbar bessere, dümmere,
ist höher, niedriger als du,
sieh es dir genau an,
denn oft ist dieser gerad einsam
und hofft auf dich!

Du aber, der Unverständnis im Herzen trägt,
bietest ihm Hass,
denn er ist anders als du!
Fürchtest, was wird er verlangen,
bist nicht zum Geben bereit!
Doch was soll das geben,
am Ende doch nur Not und Gewalt!

Liebe das Leben,
und das Leben wird es dir zurückgeben!
Nicht ist niedrig,
nichts ist hoch,
alles liegt im Scheine der Liebe
und der Harmonie des
ewigen Scheins.

So glaube an dich,
und fürchte keine Schatten,
denn es gibt sie nicht,
wenn du Vertrauen,
ganz ohne Zweifel,
und Hoffnung in dir trägst!

27

Selten war
die Not so groß,
selten
die Vernunft so klein!

Wer?
will hoffen
bei diesem Geschehen?!

Steht man (doch) draußen
vor einer Tür
in hohen Mauern,

die hohen Herren
sind zu fein
um sich sehen zu lassen

bei denen,
die um Gnade und Barmherzigkeit
bitten.

Keine Ohren für jene,
die der Hilfe bedürfen,
keine Gabe, kein Wort.

Schranken
des Hochmuts sind dies,
und doch: Müssen sie sein?

Denn der hohe Herr,
er fällt so schnell,
und am Ende ist auch er,
der der bittet vor der Tür.

Wiederholung?

Seltene Feuer
verwüsten das Land,
die Sonne brennt starr,
mitleidslos,
alles nieder.

Wasser wird rar,
trockene Wüsten
gebären kein Brot.
Hunger,
verlassener Orte ständige Not,
veranlasste heute,
die Mehrheit von Morgen,
die Dunkelheit zu suchen.

Grell klingen die Explosionen,
Mühsam erhob sich der Mann,
der sah,
das alles verging,
Sinne hellwach,
traurig darüber,
was die Menschheit gelockt;

er ging
wie er kam,
leise,
auf verstohlenen Sohlen,
auf ein nächstes Mal!

29

Eine Welle von Hass
überschwemmte den Strand,
das Land,
und wer versuchte
ihr zu entfliehen
war doch schon gefangen.

Hass,
wer wird dich erkennen
als Rache von Taten,
begangen von Feinden,
die zur Vergeltung rufen.

Hass,
du Verlangen zur Rache,
unstillbar und furchtbar,
zornig und blind!

Hass,
wer wird dich durchschauen
als Verlangen zum Bösen,
denn Rache ist kalt,
zur Liebe nicht fähig!

Hass,
erst wenn wir sehen,
dass nicht die Vergeltung
der Taten der Feinde,
die doch am Ende das Gleiche fühlen,
den Frieden bringen kann,
kannst du schweigen!

Windkind

Windkind,
von Angst umgeben,
schwebst du, wie ein Blatt
vom Zufall getrieben,
durch die Luft.

Ein Medium,
so scharf, wie das Eis
zu dem das Wasser
im Winter erstarrt,
und alles Leben gefriert,

doch birgst du den Glauben,
die Erinnerung,
an eine bessere, wärmere Welt,
an ein Leben in Sonne
und Freiheit.

Schwebst schweigend dahin,
der Angst entgegen
und doch wissend,
dass auch im kältesten Fluss,
das Leben nicht vergeht,

denn im Frühjahr
erwachen an den Ufern,
aufs Neue,
die hellen Sterne des Lebens.

Doch nun,
im Hier und Jetzt,
birgt die Kälte die Gefahr.
Windkind,
du spürst, du spürst
die Gefahr.

Denn du bist
Wärme im Wind,
ein Strahl der Sonne,
birgst den Glauben,
die Hoffnung im Eis.

Nichts währt ewig,
und immer kommt das Frühjahr,
um neue Wärme,
neues Licht,
zu geben.

Doch Windkind,
wo sind deine Freunde,
wo sind die Gefährten,
wo bleibt das Leben
im Hier und Jetzt?!

Windkind,
auch wenn du getrieben
vom Zufall durchs Leben,
bedenke, du lebst,
du gibst den Glauben an Morgen,
den anderen, den fernen.

Doch kannst du den Glauben
für dich denn halten,
wenn du nicht glaubst an dich?!
Dann vergehst auch du,
wie die anderen,

und der Glaube stirbt,
die Hoffnung,
und es wird kein Morgen mehr geben,
kein neues Frühjahr,
kein Aufblühen der Wärme,

drum:
Windkind,
tanze und bringe Freude,
funkel im Licht der Sonne,
schenke den Trostlosen ein Leuchten, ein Strahlen,
auf das ihnen der Glaube ans ewige Licht,
und den eigenen Sieg
geschenkt werde!

31

Zerstört!
die Stadt!
Trümmer!
    Wieso?

Ein Stoß,
ein Beben,
nicht lang,
nur kurz.

Die Erde bebt!
Die Häuser stürzen,
Schluchten reißen auf,
die Erde lebt!

Das Grauen,
die Kraft,
verstanden die Zeit
wohl zu nutzen!

Angst!
bange Sekunden!
Trümmer erwachend!
Das Grauen bleibt.

Was war?!
    Wieso?

32

Gleichgewicht

Silberne Strahlen,
ziehen sich durch den Horizont,
tief und rot,
birgt die Hoffnung sie.

Tiefes Entsetzen,
geht über die Kraft des Erlebens
und die Lebendigkeit
geht dem Überleben entgegen.

Hilfeschreie,
entsetzlich und schrill,
niemand, der sie hört,
so dass die Welt einsam ist.

Siegesgewiss lacht die Finsternis,
grausam und roh,
würfelt sie mit dem Licht,
doch dieses ist weise,
spielt mit und weiß doch

je länger sie spielen,
desto länger ist die Zeit
der Erholung,
der Regeneration,
der Erlösung.

Und als sie sich erhoben,
sieht die Finsternis sich um,
ihre Geschöpfe sind selbstständig geworden,
und dem Lichte zugetan,
und so muss sie ziehen.

Jetzt -
um ein anderes Mal neu zu beginnen.
Doch sie schwört:
Noch einmal wird nicht gespielt!
Es gibt andere Wege zu siegen -
Jawohl!

Doch das Licht weiß:
nur das Gleichgewicht zählt,
und es sieht der neuen Begegnung
ruhig, gelassen entgegen.

Denn aus jeder Begegnung der Pole,
Licht und Finsternis,
gehen die Geschöpfe,
die mit beiden leben,
gestärkt und selbstbewusst hervor.
Sie lernen die Harmonie
des Gleichgewichts zu achten,
zu verstehen.

Jede Begegnung ist ein Schritt nach vorne,
dennoch, oh du Wunder,
strebt die Finsternis danach zu siegen.
Was soll es!

Das Spiel ist alt
und nur der Nutzen zählt.
So wendet sich das Licht und lacht,
hütet die Geschöpfe,

macht ihnen Mut und Hoffnung,
dass die Nacht sie nach vorne führe,
wie es geschehen,
und nicht zurück in die Ängstlichkeit!

Gibt ihnen den Glauben,
die Hoffnung mit auf den Weg,
denn die alte Widersacherin,
die Finsternis,
ist noch am Werk.

Und so ist jeder einzelne doch aufgerufen,
dem Licht zu dienen,
die Hoffnung stark zu halten,
um den kalten Winter gut zu überstehen
und heimzugehen,

ins helle Glühen,
ins Licht der Harmonie des Gleichgewichts,
und nur noch Freude zu empfinden,
alle Sorge flieht.

Doch bis dahin
ist es weit,
daher stärke stets dein Haupt,
hebe es, und glaube fest,

dass nur die Güte den Weg erklimmt,
und Entsetzen, Angst und Hass
nur führen stets bergab,
und nie bergan.

Doch das Licht lässt keinen im Stich!
Und ist auch nur einer noch da,
der der Finsternis geglaubt,
so gibt sie nicht auf,
versucht ihn zu führen - Heim!
um dann selber heimzukehren,

und dann in Frieden
mit der Schwester,
der Finsternis,
in Freundschaft zu verkehren!

33

Wenn ich Frieden sage,
meine ich Toleranz und Liebe,
die Fähigkeit anderen zuzuhören,
zu vergeben,
abwarten zu können,
und nie die Hoffnung zu verlieren...
Krieg zu führen ohne unterzugehen und zu zerstören,
Zorn zu spüren und daraus Kreatives entstehen zu lassen,
Dampf abzulassen ohne zu verglühen,
geliebt zu werden und zu lieben,
eben in Gemeinschaft zu leben
und Mensch zu sein.

34

Die klaren Stunden des Tages,
genieße sie mit Freuden,
und stärke dich an ihnen,
denn die schweren Regenwolken
ziehen doch heran.
Mit den Sonnenstrahlen noch im Herzen,
kannst du dann im Finstern auf Freude sehn zurück,
und brauchst nicht ständig zu erschrecken
vorm Schatten an der Wand

35

Farben und Töne

Farben sind wie Töne,
hell und klar
fliegen sie durch die Nacht,
die zu segnen,
die ein offenes Herz haben,
und die die Sehnsucht nach Nähe noch kennen,
die die Heimat ihr Eigen noch nennen,
und die Heimkehr am Ende mit offenen Armen erwarten,
Hoffnung tragen,
Leben sehen,
und doch bangen,
und nur am Ton der Farben
Leben finden,
die gesegnet sind mit der Kraft der Hilfe,
die sie finden im Teiche der Töne,
der endlos ist im tiefen All der einigen Nacht,
und der Leben gibt und
den Nächsten liebt.
Der tiefe Ton der Farben
wird nie vergehen.

Hell erglühen die Sonnen in der tiefsten Nacht,
senden ihre Strahlen durch das schwarze Bett,
und säen an allen Orten
Freude und die Hoffnung auf das Morgen.

Dies ist, was nie der Engel vergisst,
der zum Hoffnungsträger wurde,

der die Hilfe überbringt
und der die Liebe fassen muss,
auch wenn es schwerfällt,
denn wo ewige Harmonie zu Hause,
da gibt es keine Schranken und auch keine Notwendigkeit,
um Nähe zu betteln und sie zu vermitteln.

Sie ist dort Grundgesetz
und doch Notwendigkeit ganz eigner Art.
Doch nun zur anderen Seite hin,
wo nur die Schwarze Seite wohnt,
was ist dort mit Farben?
Gibt es sie dort überhaupt!

Doch wenn auch hier die strahlenden Farben
haben wenig Macht,
ist doch die Sehnsucht der Erinnerung da,
und der Wunsch zurückzukehren in der Erinnerung vorhanden.
So setzt das Zwielicht, das auch die dunkelste Zeit gebiert,
Den Kampf ums Gleichgewicht von Licht und Schatten
rasch in Gang,
und die Heimkehr wird dann möglich,
und der Zugang zu den Farben frei.

Mensch sein heißt
im Schatten lebend
das Licht zu suchen,
um dann einst
in die reine Kraft Gottes zurückzukehren.

37

Neue Hoffnung

Ruinen,
still und leise,
nur der Wind spielt sanft in ihnen.

Gehe durch verlassene Straßen,
sehe Sand und Staub und Stein
wohin das Auge schaut.

Bin auf der Suche,
weiß nicht mehr so recht wonach,
sehne mich nach Ruhe,

doch die Sonne treibt mich an,
zeigt mir die dunklen Schatten,
zwingt mich zum weitermachen.

Doch wird die Suche jemals enden?
Wasser fand ich mancherorts,
doch Grün? ...

Zweifelnd zieh ich weiter,
der Gedanke grün zu finden
leitet mich trotz allem.

Denk, das Grün zu finden sei mein Sinn,
meines Lebens Ziel.
Doch plötzlich lacht mein Engel mir,

und sagt,
du bist noch hier,
doch nicht um das zu finden,

was gibt,
sondern, um die Liebe, die du fühlst,
die Sehnsucht, die du spürst,

an die Erde weiterzugeben
und das Grün zu bringen.
Dies ist dein Ziel.

So sehe dir dein Leben an
und freue dich daran,
dass du verbrannter Erde

neue Hoffnung geben kannst,
damit sie dann dem Leben einst
neue Heimstatt werden kann.

Dann kehrst du heim
und siehst mich wieder,
denn einst sind wir eins im hellen Licht.

38

Sorgen und Grauen

Schluss oder Ende,
Aus oder Vorbei,
Grauen ist Eins
und Sorge bestimmt das Leben.

Selten hat die Finsternis gelacht,
doch jetzt bekannte sie gar schnell,
der Witz ist köstlich,
wundervoll.

Und lachte, bis sie zerbarst,
sich verteilte in alle Lande -
kein Atom,
das sie nicht berührte.

Alles, alles wurde ihres!
Dennoch - eines konnt' sie nie gewinnen,
bisher -
das war das Leben.

Doch nun, ein weiteres Mal
beschloss das Leben
sich das Ende zu bereiten;
die Waffen, die es schuf,

wurden rau und fürchterlich;
Die Finsternis, sie freute sich,
denn nur so
war das Leben zu bezwingen.

Doch die helle Seite des Lebens
verging nicht gänzlich,
suchte sich zu befreien.

Ein Teil blieb
ungefangen,
und so war die Freiheit
des Lebens nicht völlig dahin,
und konnte beginnen

zu finden den Sinn,
zu retten die Erde,
auch wenn verbrannt war ihr Sinn,
zu Lieben das Leben,

und Freude zu finden
in der kalten Welt,
die die Finsternis aus des Lebens Dummheit schuf,
um alles zu vernichten.

Doch schaffte sie dies nicht,
denn das Leben ist Vielfalt
nicht nur Dummheit,
auch Vernunft und Toleranz,

ist nicht ein Ganzes,
ist teilbar,
unscheinbar und groß,
unsagbar vielfältig.

So kann es sich erholen,
und dann einst die Finsternis bezwingen,
die immer mal versucht,
die Sehnsucht schnell zu stillen,

den Machthunger satt zu sehen,
und doch stets auch wieder zu vergehen
und dem Leben zu gewähren
in des Quelle helles Licht zu gehen.

39

Sterne des Lebens,
Tag der Nacht -

und so glüht die Sonne
hell in jeder Sage.

Und es ist einerlei,
ob die Hölle,

ob der Himmel
ist auf Erden,

denn es scheint,
der Mensch allein

sucht sich sein Leid
und versucht doch allzu oft

seiner Wahl,
der Qual seines Lebens

ganz einfach zu entfliehen.
Doch die Flucht,

sie kann ihm nicht gelingen,
denn nur wer stehenbleibt,

kann auch gewinnen
und dem Leben die guten Dingen abgewinnen,

auch wenn die Träger brüchig scheinen
und die Labsal kärglich ist,

bilden doch der Wille
Freude am Leben zu haben,

die Stützen in dunkler Nacht,
den Weg in die Freiheit.

Wenn ein Sonnenstrahl durch ein dunkles Fenster fällt,
erhellt sich gleich die ganze Welt,
und so lacht auch dir die Sonne,
wenn vielleicht auch nur ein winz'ger Strahl,
doch halt ihn fest in deinem Herzen,
auf dass die dunklen Stunden
ein wenig heller seien,
und dir nicht die ganze Schwere
der dunklen Nacht ins Herz fällt.

41

Eins bist du in Erdentagen
eins mit deinem Körper.

Dein Geist scheint hell
und vergessen ist der Heimat Licht.

Im Leben gibt ein mancher
die Erinnerung an Morgen auf,

an der Seele Heimat.
So kommt er sich,

dem Ende nah,
endlos tief verloren vor.

Die Wärme, die ihn hält,
ihn nie alleine lässt,

ist seinem Bewusstsein
nicht mehr gegeben, scheint verloren.

Doch der Körper,
wie könnt es anders sein,

ist nur für eine kurze Zeit
unserer Seele Heim,

und so kannst du erkennen,
wenn du es zulässt und erwachst,

die Erinnerung an Gestern und Morgen,
und ohne Angst,

dem Vergänglichen gegenübertreten.
Doch darfst du den Körper nicht verachten,

denn er gibt der Seele
hier auf Erden Sinn,

und so hast du, die Vergänglichkeit zu lieben,
und den Körper auch zu ehren,

denn nicht nur die Ewigkeit ist von Wert,
auch das Vergängliche will geliebt sein.

Daher gebe nicht auf,
auch wenn die Welt es schwer dir macht

dich zu lieben,
und somit auch den anderen.

Denn die Ewigkeit ist deine Zukunft,
und du hast alle Zeit der Welt

um das Leben zu genießen,
um zu lernen,

Leben leben
und die Sonne zu gewinnen.

Einsamkeit

Einsamkeit ist das Schicksal des Einzelnen,
Treue und Freundschaft
besteht im Vertrauen zweier oder mehrerer Einzelner
zueinander.

Doch der Einsamen Ideen
sind nicht immer zu fassen von Anderen,
doch von gleichfühlenden - vielleicht - zu verstehen.
Doch zwischen der Einheit zweier
liegt die Individualität Einzelner.

Gedanken lassen sich nur durch
vollständiges Bekanntgeben und
Verständnis ohne Spott und Hohn,
ohne Unglauben und Willkür verständlich machen!

Durch völlige Offenheit...
ja, doch ohne Gedanken zu Gedanken, undurchführbar,
da sich Gefühle nicht mit Worten übertragen lassen,
ebenso wie Empfindungen von Angst, Furcht, Farben,
Geräuschen, Geschmack und Geruch usw.
Worte allein reichen nicht aus.

Der Mensch hat den Mut nicht, sich ohne Einschränkungen
und mit aller Offenheit mitzuteilen;
Menschen, die es dennoch wagen, werden schief angesehen
und bekommen eine 'Minus-Note' im Verhalten und sich Geben - so
etwas passt nun mal nicht ins Bild des vernünftigen,
klugen Menschen.

Ein Mensch, der Fehler macht, der etwas nicht kann,
nicht sofort kann, ist verachtenswert - angeblich!

Doch ist es wichtig Fehler zuzugeben,
sie zu erkennen und abzustellen,
anstatt sie vor sich selbst und vor anderen ängstlich zu
verbergen!

Fehler sind nicht nur Verfehlungen, sondern auch Ängste,
Sorgen und Nöte!
Darüber zu reden, bedeutet damit fertig zu werden!
Warum sehen dies die wenigsten ein?
Warum muss man, sollte man schweigen, wenn man reden will,
sollte, muss?!?

Warum schweigt der Andere so oft, wenn jemand redet,
ohne Verständnis,
und seien die erwarteten Worte nur:
'Ich hör dir zu ...'
Stattdessen ist zu oft der Gedanke:
>> Was geht es mich denn an. Gut, dass ich nicht betroffen bin ...<<

Dabei braucht es doch kein direkter Trost zu sein,
Verständnis = Kenntnis des Erzählten, reicht oft aus,
Vertrauen zu schenken.
Zuhören, nicht fortlaufen; geschilderte Missstände nicht
wegdiskutieren,
Interesse bekunden, nicht hilflos gehen,
nicht schweigend kritisieren,
sondern reden -
all dies trägt zum gegenseitigen Verständnis bei:
Anderssein ist kein Verbrechen! Dies sollte einem jeden
klar sein und
ohne Toleranz und Liebe ist keine Gesellschaft auf Dauer
lebensfähig.

Aber: Vielleicht ist das zu viel verlangt??!

43

Vollkommenheit

Der Mensch und seine Vollkommenheit;
die Technik schritt fort;
die Menschheit
erfährt mit jedem Experiment mehr,
sie wird immer vollkommener.

Nur der Einzelne, ist er vollkommener geworden?
als er es war?
Vielleicht, denn er hat ein Wissen von Generationen,
hat erkannte Vorurteile angefangen abzulegen
und beginnt gegen die Trennwände zwischen den Völkern
anzukämpfen.

Aber das große Ziel ist noch nicht erreicht.
Immer wieder gibt es Zusammenstöße zwischen Menschen
verschiedener Hautfarbe, gibt es Krieg zwischen den Völkern,
gönnt der eine dem anderen sein Hab und Gut nicht.

Kann der Mensch so jemals vollkommen werden?
Mit welchem Maßstab wird denn nur Vollkommenheit gemessen?
Und was heißt denn nun Vollkommenheit?
Alles Wissen, alles kennen, über allen Dingen stehen?
Ist dies der Sinn der angestrebten Vollkommenheit?

Sollte es nicht vielmehr das Streben nach Verständnis,
Gemeinschaft und Forschung sein?
Nicht die vollkommene Erkenntnis über alles und jedes ist die
Vollkommenheit!!!

Nur ein Gott könnte derart vollkommen sein,
so er das wollte, ein Mensch jedoch nie!
So wird er immer forschen, versuchen Neues zu erfahren,
und am Ende nicht einmal wissen, dass er das Ende
allen Forschens erreicht hat.

Daher ist auch ein vollkommenes Wissen unmöglich.
Ein gefundenes Ergebnis wirft immer eine neue Frage auf.
Es gibt immer noch etwas,
das wissenswert wäre!

In der Vollkommenheit wäre der Mensch überflüssig,
da er von der Unvollkommenheit seiner Erfindungen lebt.

44

Sonnen in weiter Ferne,
auch sie vergehen,
auch sie 'leben', werden geboren und vergehen!

Über die Jahrmillionen hinweg zieht dieses 'Leben' sich!
Was ist schon eines Menschen Lebensspanne dagegen,
dachte schon so manch einer,
doch auch in dieser vollzieht sich das Wunder der Natur,
der Geburt, des Lebens und des Vergehens.

Alles ist vergänglich, vom Stein der Erde,
über das Leben einer Eintagsfliege und dem Leben eines Sterns
bis hin zum scheinbar ewigen All.

Doch wenn etwas stirbt,
wird es doch in irgendeiner Form stets wiedergeboren,
nichts geht verloren!

45

Wie es geht im Leben
kann niemand erwählen,
niemand weiß, was morgen kommt;
niemand ist niemandes ICH!

Niemand soll sagen: Ich weiß!,
denn das Leben ist viel zu verworren.
Des Lebens Zug fährt so schnell vorbei;
es wird nur ein- und ausgestiegen,
manch einer vergessen, andere verloren.

Der Zug des Lebens hat einen bitteren Geschmack,
denn kaum einer weiß wo er steht,
ob er den Anschluss erreicht,
oder den Mut findet aufzuspringen!

Oft läuft der eine oder andere einfach davon,
doch am Ende kann keiner entkommen,
und jeder stellt sich dem Leben,
dem Wachstum und Trost.

Die Welt
ein Farbenspiel,
ein Zauberwerk,
voll Leben und voll Freude,

der helle Tag,
die dunkle Nacht,
wechselvoll
das Schicksal spielt.

Das Licht ist eins,
doch viel sind seine Farben
im hellen Tag,
doch Grau
in dunkler Nacht.

Farben,
Licht der Sterne,
Hoffnung der Stille,
Frieden der Liebe,
geben dem Tag
erst den Sinn.

Das Spiel der Farben
spiegelt sich im Leben wieder,
kunstvoll und gediegen,
doch nicht immer heiter
ist des Lebens Spiel
und Sorge ist verbreitet.

Doch
wie die Nacht
nicht steht für alle Zeit,
bleibt auch kein Kummer ohne Ende,
und die Freude des Erlebens
beginnt in kleinen Dingen.

47

Bitterkeit.

„Krieg - was ist das schon?" fragt ein Junge seine Mutter, die ihn schreckensbleich ansieht und hastig stammelnd sagt: „Junge, wie sprichst du vom Krieg! Ich habe ihn erlebt, du kannst nicht wissen, wie, wie grausam er ist! Zu allen Beteiligten und Unbeteiligten ist! Junge - Wünsch dir nie den Krieg! Er bringt nur Elend, aber keinen Ruhm!"

Der Junge wächst. Er wird zum Manne. Ein Krieg bricht aus. Er erlebt ihn, überlebt ihn.
Am Ende steht er vor den Trümmern seiner Heimat. Der Krieg brachte keinen Ruhm, nur Elend. Bitter erinnert er sich der mahnenden Worte seiner Mutter. Nun kennt er die Wahrheit dieser aus eigener Erfahrung!!
Keinen neuen Krieg!
Aber - wenn er je einen Jungen hat - wird dieser ihm glauben?!
So - wie er seiner Mutter glaubte ?!? ...

48

Solange der Mensch lebt
hoffe er!
Morgen sei Morgen,
ein Jahr ein Jahr,
und die Zeit vergeht...

Die Zeit nimmt uns mit,
sie verändert die Lage.
Vielleicht ist am Morgen alles anders,
vielleicht wird die Sonne wieder scheinen
durch des Lebens dunkle Schatten
und sie dadurch vertreiben.

Ach wer weiß!
Doch wer nicht hofft,
vergisst,
ohne Hoffnung gibt es nichts,
und dann wird er in Angst versinken
und Verzweiflung wird ihn packen,
dann ist auch das Leben nichts!
Daher glaube und hoffe,
und lebe in seinem Gesetz.

Das Jahr

Das Jahr, vier Jahreszeiten:
Frühling, Sommer, Herbst und Winter.
Das Jahr mit dem Frühling beginnt,
leicht die ersten Zweige grünen,
Kinder gehen die ersten Schritte -
Frühling, du Anbeginn des Lebens,
du Anfang ohne den nichts wäre!
Nichts entstanden aus dem Staub
des Universums,
nicht die Erde, nicht das Tier und nicht der Mensch.
Alles, alles kommt aus dir,
dem Anbeginn,
und dieser kommt nun immer wieder neu,
im Kleinen, jedes Jahr
mit den ersten Boten, der grünen Gräser Spitzen.

Dir nach folgt der Sommer, stets und ohne Unterlass,
alles blüht,
die Schöpfung sich entfaltet,
strebt der höchsten Form entgegen,
die es dann im Herbst erreicht,
um allen Freude zu schenken.

Doch dann der Winter grausam Herr erscheint,
doch nur damit die Freude jedes Jahr dann neu beginnen kann,
denn die Natur braucht eine Pause, um sich auszuruhen und
Neues zu bedenken, das sie dann kann
der Welt im nächsten Zyklus schenken.

50

Soeben

Soeben entstand das Leben,
soeben verlosch das Feuer,
soeben vergaß der Mensch zu leben.

Soeben ist es nicht zu fassen,
soeben wollen wir vergeben,
soeben werden wir mal sehen,

soeben mal und doch so fern.

Wie schnelle man doch vergessen hat,
das Augenblick und Ende eins sind.

Zeit

Morgen ist heute,
heute ist gestern.
Was ist die Zeit?

Gedanklich verschmilzt,
so oder so,
das Wissen von gestern,
das heutige
und morgen erlebte
in der Zeit deines Lebens.

Doch was ist Zeit?

Vergangenheit und Gegenwart verschmelzen in der Zukunft -
das ist alles...

Die Farben der Welt

Die Farben der Welt
bringen sich dar,
sich daran zu laben
ist der Menschen Sinn.

Das grüne Gras,
das blaue Meer,
das gold'ne Korn,
über all dem streicht der Wind;

das braune Land,
das nährt das Korn,
das Grüngemüse,
das Obst der Bäume,

und viele Farben schimmern durch das Grün,
und über all dem scheint so hell die Sonne.

Doch in den Bergen,
drohend und steil,
findet man die schwarze Kohle,
tiefe Stollen,
schwere Wunden erleidet der Stein,
und die Welt stöhnt auf.

Aus tiefen Lagern,
schwarzes Öl, flüssig kommt es auf die Welt,
Maschinen dröhnen, der Himmel,
er verdunkelt sich,
und der helle Tag wird zur dunklen Nacht.

Und trotz allem
stehen die Maschinen nicht still.
Der Fortschritt frisst die Farben,
der blaue Himmel erscheint mit rotem Glanz.

Tiere? Sie sind fort,
und auch die Pflanzen lassen
die Köpfe hängen,
alles erstickt, verbrennt.

Die Luft wird dick,
auch Wasser und Öl verbinden sich nicht,
alles geht unter!
Finsternis droht!
und der Morgen wartet
an dem die Menschheit ebenfalls schweigt.

Dann kommt die Welt zur Ruhe
und langsam, langsam zeigen sich
Spuren von Farbe und Leben,
doch der Mensch ist fort,
um nie wiederzukehren.